ZZZ

EiS
Fisch-
Spezialitäte

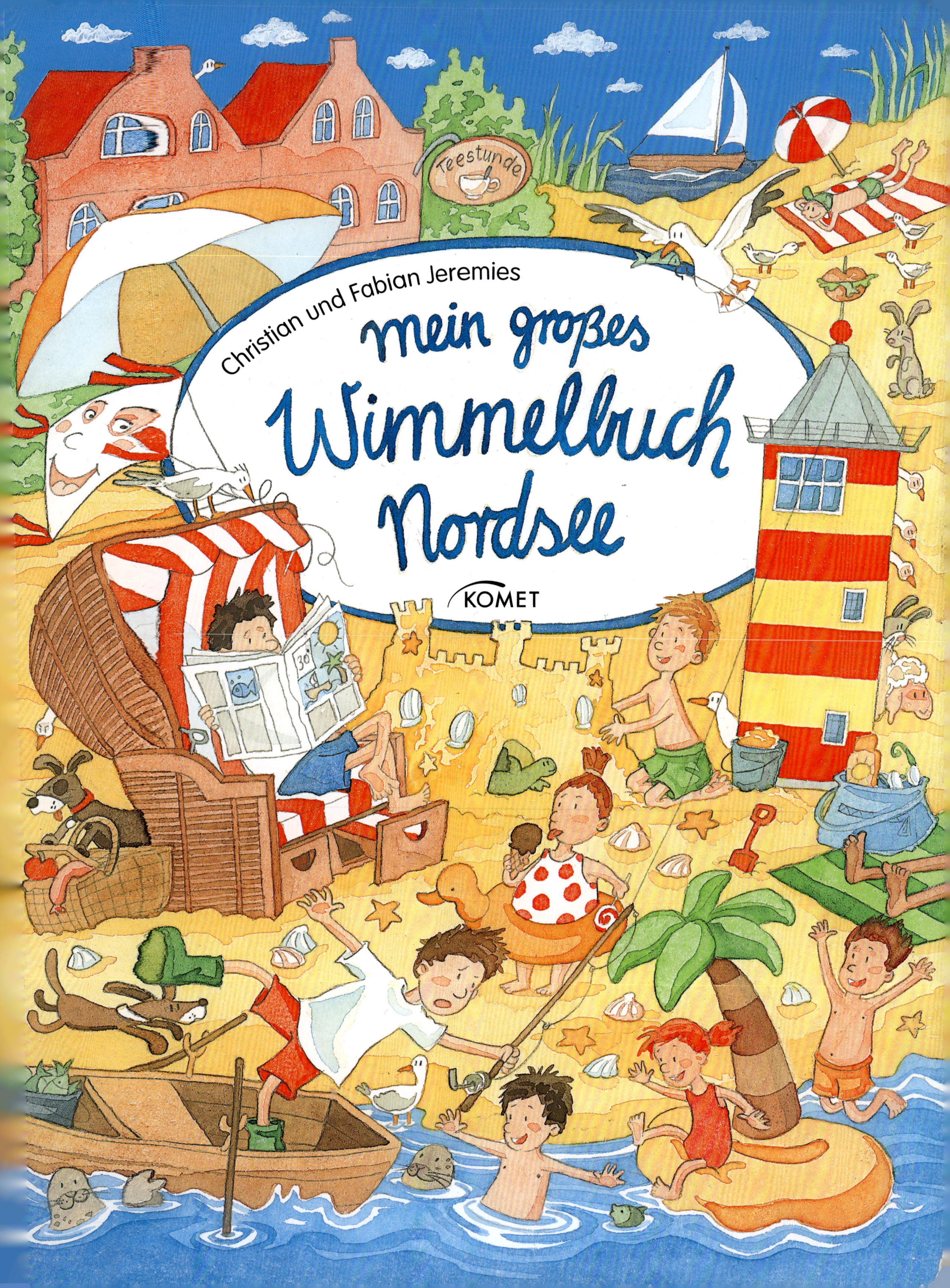
Teestunde
Christian und Fabian Jeremies
mein großes Wimmelbuch Nordsee
KOMET

Langeo
Norderney
Baltrum
Juist
Norden
Borkum
Emden

Sylt
Amrum
Föhr
Husum
Pellworm
St. Peter-Ording
Büsum
Helgoland
Spiekeroog
Wangerooge
Cuxhaven
CUXLINER
BH
Wilhelmshafen
Aquarium
Bremerhafen

36°C
EIS

frischer
FISCH

Friesischer Tee

Christian und Fabian Jeremies

mein großes Wimmelbuch Nordsee

In diesem detailreich und liebevoll illustrierten Wimmelbuch gibt es viel zu entdecken! Welche Inseln gibt es in der Nordsee, welche Sehenswürdigkeiten und Attraktionen haben Inseln und Festland zu bieten? Was kann man alles am Strand und im Hafen erleben? Und wo ist die kleine Spielzeugrobbe auf jeder Seite versteckt? Klare, übersichtliche Illustrationen machen Lust aufs genaue Beobachten und Benennen. Große und kleine Erlebnisse an der See laden Mädchen und Jungen ab 3 Jahren zum Schauen, Mitmachen und Erzählen ein!

Sucht mich!
Ich bin in jedem Bild versteckt!

Pirat Störtebeker hat einen Schatz erbeutet.

Meike möchte Fische unter Wasser entdecken.

Leon zeigt immer vollen Einsatz.

Finn kann prima springen.

Möwe Jule liebt Fischbrötchen!

Anna mag lieber Eis!

10/20/71497.00/FSM
ISBN 978-3-86941-497-3
9 783869 414973
0219B_141113

FSC www.fsc.org MIX Papier aus verantwortungsvollen Quellen FSC® C106632

© KOMET Verlag GmbH
Emil-Hoffmann-Str. 1
D-50996 Köln
Illustrationen: Christian und Fabian Jeremies
Konzept und Redaktion: Ute Giesen
Gesamtherstellung: KOMET Verlag GmbH

www.komet-verlag.de